中级 财务管理 公式汇编

Accountant

掌握核心公式 提分事半功倍

唐亚琦 编著

中国财富出版社有限公司

图书在版编目（CIP）数据

中级财务管理公式汇编 / 唐亚琦编著 . —北京：中国财富出版社有限公司, 2023.12
ISBN 978-7-5047-8025-6

Ⅰ.①中… Ⅱ.①唐… Ⅲ.①财务管理—资格考试—自学参考资料 Ⅳ.① F275

中国国家版本馆 CIP 数据核字 (2023) 第 236151 号

策划编辑	张 婷	**责任编辑**	张红燕 张 婷	**版权编辑**	李 洋
责任印刷	梁 凡	**责任校对**	孙丽丽	**责任发行**	董 倩

出版发行	中国财富出版社有限公司			
社　　址	北京市丰台区南四环西路 188 号 5 区 20 楼		邮政编码：	100070
电　　话	010－52227588 转 2098（发行部）		010－52227588 转 321（总编室）	
	010－52227566（24 小时读者服务）		010－52227588 转 305（质检部）	
网　　址	http://www.cfpress.com.cn		排　版	北京丰月广告服务有限公司
经　　销	新华书店		印　刷	西安秦汉印务有限公司
书　　号	ISBN 978-7-5047-8025-6/F・3616			
开　　本	889mm x1194mm1/16		版　次	2024 年 1 月第 1 版
印　　张	10.75		印　次	2024 年 2 月第 2 次印刷
字　　数	275 千字		定　价	59.00 元（全 3 册）

版权所有・侵权必究・印装差错・负责调换

目录 CONTENTS

第一章
财务管理基础 ·· 01

第二章
预算管理 ··· 06

第三章
筹资管理（上） ·· 07

第四章
筹资管理（下） ·· 08

第五章
投资管理 ··· 13

第六章
营运资金管理 ·· 17

第七章
成本管理 ··· 22

第八章
收入与分配管理 ·· 29

第九章
财务分析与评价 ·· 32

第一章
财务管理基础

 一、货币时间价值

类别	现值系数	终值系数
单笔复利	（P/F，i，n）（要求会使用）	（F/P，i，n）（要求会使用）
普通年金	（P/A，i，n）（要求会使用）	（F/A，i，n）（要求会使用）
预付年金	（P/A，i，n）(1+i)	（F/A，i，n）(1+i)
递延年金	（P/A，i，n）（P/F，i，m）	（F/A，i，n）
永续年金	1/i（要求记忆）	—
扩展	投资回收系数（A/P，i，n）与普通年金现值系数互为倒数	偿债基金系数（A/F，i，n）与普通年金终值系数互为倒数

【提示】

预付年金和递延年金的计算，尽量用时间轴解决。

可将以上两种年金变换成普通年金形式，进而使用普通年金的系数。

1. 普通年金（自第一期期末开始）

项目	公式	系数符号	最终公式
普通年金终值	$F = A\dfrac{(1+i)^n - 1}{i}$ （选择性记忆）	$\dfrac{(1+i)^n - 1}{i} = (F/A, i, n)$	$F = A(F/A, i, n)$
普通年金现值	$P = A\dfrac{1-(1+i)^{-n}}{i}$ （选择性记忆）	$\dfrac{1-(1+i)^{-n}}{i} = (P/A, i, n)$	$P = A(P/A, i, n)$

2. 预付年金（自第一期期初开始）

项目	方法一	方法二
预付年金终值	$F = A(F/A, i, n) \times (1+i)$ （推荐）	$F = A[(F/A, i, n+1) - 1]$ （期数 +1，系数 -1）
预付年金现值	$P = A(P/A, i, n) \times (1+i)$ （推荐）	$P = A[(P/A, i, n-1) + 1]$ （期数 -1，系数 +1）

3. 递延年金

递延年金终值	$F = A(F/A, i, n)$ 注意：式中"n"表示的是 A 的个数，与递延期无关	
递延年金现值	【方法1】两次折现	$P = A(P/A, i, n) \times (P/F, i, m)$
	【方法2】作差	$P = A[(P/A, i, m+n) - (P/A, i, m)]$
	【方法3】先求终值再折现	$P = A \times (F/A, i, n) \times (P/F, i, m+n)$
	【提示】 方法很多，建议选一种进行掌握。画图后再做题思路更清晰	

4. 永续年金现值

$P = A / i$

永续年金无终值。

二、利率

1. 插值法

A	A_1
B（?）	B_1
C	C_1

$$\frac{A-B}{A-C} = \frac{A_1 - B_1}{A_1 - C_1}$$

2. 名义利率与实际利率

（1）一年多次计息时的名义利率与实际利率。

公式	$i=(1+r/m)^m-1$
实际利率（i）	1年计息1次时的"年利息/本金"
名义利率（r）	1年计息多次时的"年利息/本金"

（2）通货膨胀下的名义利率和实际利率。

公式	（1+名义利率）=（1+实际利率）×（1+通货膨胀率）
提示	名义利率已考虑过通货膨胀率，实际利率未考虑通货膨胀率

三、风险与收益的计算公式

1. 单项资产的收益率

单期资产的收益率=资产价值（价格）的增值/期初资产价值（价格）

=［利息（股息）收益+资本利得］/期初资产价值（价格）

=利息（股息）收益率+资本利得收益率

2. 预期收益率【发生概率加权】

预期收益率 $E(R)=\sum_{i=1}^{n}(P_i \times R_i)$

$E(R)$为预期收益率；P_i表示情况i可能出现的概率；R_i表示情况i出现时的收益率。

3. 必要收益率

必要收益率=无风险收益率+风险收益率

=（纯粹利率+通货膨胀补偿率）+风险收益率

4. 风险的衡量

期望值	加权平均值	$\overline{E} = \sum_{i=1}^{n}(X_i \times P_i)$	
方差	离差的平方的加权平均数（总结口诀：平均；求差；平方）	$\sigma^2 = \sum_{i=1}^{n}(X_i - \overline{X})^2 \cdot P_i$	方差和标准差作为绝对数，只适用于期望值相同的决策方案风险程度的比较；方差和标准差越大，风险越大
标准差	方差的平方根（开方）	$\sigma = \sqrt{\sum_{i=1}^{n}(X_i - \overline{X})^2 \cdot P_i}$	
标准离差率	标准差同期望值之比	$V = \dfrac{\sigma}{\overline{E}} \times 100\%$	对于期望值不同的决策方案，评价和比较其各自的风险程度只能借助于标准离差率这一相对数值

5. 资产组合的风险与收益

（1）投资组合的期望收益率（加权）。

$$E(R_p) = \sum W_i \times E(R_i)$$

（2）投资组合的方差（衡量投资组合的风险）。

$$\sigma_p^2 = w_1^2 \sigma_1^2 + w_2^2 \sigma_2^2 + 2 \times w_1 w_2 \rho_{1,2} \sigma_1 \sigma_2$$

【提示】

因为资产之间的相关性，所以风险不止是加权，还需要考虑资产之间的风险抵销作用，也就是 $\rho_{1,2}$ 的作用。**抵销的是非系统风险。**

6. β 系数

证券资产组合的 β 系数：

$$\beta_p = \sum_{i=1}^{n} w_i \times \beta_i$$

7. 资本资产定价模型【重点考察对象】

$$R = R_f + \beta \times (R_m - R_f)$$

R 表示某资产的必要收益率；

β 表示该资产的系统风险系数；

R_f 表示无风险收益率，通常以短期国债的利率来近似替代；

R_m 表示市场组合收益率。

四、总成本模型

总成本 = 固定成本总额 + 变动成本总额

　　　 = 固定成本总额 + （单位变动成本 × 业务量）

$y = a + bx$

1. 高低点法

第一步：$y = a + bx$
第二步：代入历史数据 (x_1, y_1) 和 (x_2, y_2)（最高点和最低点）
第三步：列方程，求出 a，b

2. 回归分析法【看情况，选择性掌握】

$$a = \frac{\sum x_i^2 \sum y_i - \sum x_i \sum x_i y_i}{n \sum x_i^2 - (\sum x_i)^2}$$

$$b = \frac{\sum x_i \sum y_i - n \sum x_i y_i}{(\sum x_i)^2 - n \sum x_i^2}$$

第二章 预算管理

【提示】

把握总体计算原则：期初＋本期增加－本期减少＝期末

一、生产预算

预计生产量＝预计销售量＋预计期末存货－预计期初存货

【提示】

预计生产量跟销售量有关。

二、直接材料预算

预计生产需要量＝消耗定额×预计产量（预计生产需要量跟材料消耗定额和预计产量有关）
预计采购量＝预计生产需要量＋期末库存量－期初库存量（预计采购量跟预计生产需要量有关）
购买材料支付的现金＝本期含税采购金额×本期付现率＋前期含税采购金额×本期付现率
期末应付账款余额＝期初应付账款余额＋本期预计含税采购金额－本期全部采购现金支出

三、直接人工预算

某种产品直接人工总工时＝单位产品定额工时×该产品预计生产量
某种产品直接人工总成本＝单位工时工资率×该种产品直接人工总工时

四、资金预算

可供使用现金＝期初现金余额＋现金收入
现金余缺＝可供使用现金－现金支出
现金余缺＋现金筹措－现金运用＝期末现金余额

第三章
筹资管理（上）

融资租赁租金的计算（等额年金法）

1. 租金在期末支付

租金 = [租赁设备价值 − 残值 × $(P/F, i, n)$]/$(P/A, i, n)$

2. 租金在期初支付

租金 = [租赁设备价值 − 残值 × $(P/F, i, n)$]/[$(P/A, i, n-1)$ + 1]

【提示】

这两个公式都是在假定预计残值归出租人所有的情况下得出的。理解一种计算方法即可，二者都是年金应用。

如果预计残值归承租人所有，则不需要减去残值。

第四章
筹资管理（下）

一、因素分析法的计算

资金需要量=（基期资金平均占用额–不合理资金占用额）×（1+预测期销售增长率）/（1+预测期资金周转速度增长率）

二、销售百分比法

外部融资需求量=增加的经营性资产–增加的经营性负债–增加的留存收益

增加的经营性资产=增量收入×基期经营性资产占基期销售额的百分比

增加的经营性负债=增量收入×基期经营性负债占基期销售额的百分比

增加的留存收益=预计销售收入×销售净利率×收益留存率

（理解方法：经营性资产与负债与销量呈比例关系，增加的销售额对应需要总筹资额，内部供给一部分，外部筹资一部分。）

三、资金习性预测法

（1）高低点法。

（2）回归直线法。

$$y = a + bx$$

$$a = \frac{\sum x_i^2 \sum y_i - \sum x_i \sum x_i y_i}{n \sum x_i^2 - (\sum x_i)^2}$$

$$b = \frac{\sum x_i \sum y_i - n \sum x_i y_i}{(\sum x_i)^2 - n \sum x_i^2}$$

四、资本成本计算

通用公式：

$$资本成本 = \frac{年资金占用费}{筹资总额 \times (1-筹资费用率)}$$

1. 银行借款资本成本

一般模式：

$$资本成本 = \frac{年利率 \times (1-所得税税率)}{1-手续费率}$$

折现模式：

根据"现金流入现值 – 现金流出现值 = 0"求解折现率。

2. 公司债券资本成本

一般模式：

$$资本成本 = \frac{债券面值 \times 票面年利率 \times (1-所得税税率)}{债券筹资总额 \times (1-手续费率)}$$

折现模式：

根据"现金流入现值 – 现金流出现值 = 0"求解折现率。

3. 优先股资本成本

一般模式：

$$优先股资本成本率 = \frac{年固定股息}{发行价格 \times (1-筹资费用率)}$$

4. 普通股资本成本

折现模式：

（1）股利增长模型法。

假设：某股票本期支付股利为 D_0，未来各期股利按 g 这一速度增长，股票目前市场价格为 P_0，则普通股资本成本为：

$$K_s = \frac{D_0 \times (1+g)}{P_0 \times (1-f)} + g = \frac{D_1}{P_0 \times (1-f)} + g$$

（2）资本资产定价模型法。

$$K_s = R_f + \beta(R_m - R_f)$$

5. 留存收益资本成本

参照普通股资本成本公式，但不考虑筹资费用。

6. 平均资本成本（比重加权）

$$K_w = \sum_{j=1}^{n} K_j W_j$$

7. 项目资本成本（可比公司法）

步骤	具体内容
步骤一：卸载可比公司财务杠杆	将可比公司的 $\beta_{权益}$ 转换为 $\beta_{资产}$， $\beta_{资产} = \beta_{权益} \div [1+（1-税率）\times（可比公司负债/权益）]$
步骤二：加载目标企业财务杠杆	将 $\beta_{资产}$ 转换为目标公司的 $\beta_{权益}$， $\beta_{权益} = \beta_{资产} \times [1+（1-税率）\times（目标公司负债/权益）]$
步骤三：根据目标企业的 $\beta_{权益}$ 计算股东要求的报酬率	股东要求的报酬率 = 股东权益成本 = 无风险利率 + $\beta_{权益} \times$ 市场风险溢价
步骤四：计算目标企业的加权平均资本成本	加权平均资本成本 = 负债成本 $\times$ (1-税率) $\times \dfrac{负债}{资产}$ + 股东权益成本 $\times \dfrac{股东权益}{资产}$

五、杠杆效应

1. 经营杠杆系数（DOL）

（1）定义公式：

经营杠杆系数 = 息税前利润变动率 / 产销业务量变动率

$$DOL = \frac{息税前利润变动率}{产销业务量变动率} = \frac{\dfrac{\Delta EBIT}{EBIT_0}}{\dfrac{\Delta Q}{Q_0}}$$

（2）简化公式：

报告期经营杠杆系数 = 基期边际贡献 / 基期息税前利润

$$DOL = \frac{\frac{\Delta EBIT}{EBIT_0}}{\frac{\Delta Q}{Q_0}} = \frac{M_0}{M_0 - F_0}$$

2. 财务杠杆系数（DFL）

（1）定义公式：

$$DFL = \frac{普通股每股收益变动率}{息税前利润变动率} = \frac{\frac{\Delta EPS}{EPS_0}}{\frac{\Delta EBIT}{EBIT_0}}$$

（2）简化公式：

不存在优先股股息的情况下：

$$DFL = \frac{EBIT_0}{EBIT_0 - I_0}$$

存在优先股股息的情况下：

$$DFL = \frac{EBIT_0}{EBIT_0 - I_0 - \frac{D_p}{(1-T)}}$$

3. 总杠杆系数（DTL）

（1）定义公式：

$$DTL = \frac{普通股每股收益变动率}{产销业务量变动率} = \frac{\frac{\Delta EBIT}{EBIT_0}}{\frac{\Delta Q}{Q_0}} \times \frac{\frac{\Delta EPS}{EPS_0}}{\frac{\Delta EBIT}{EBIT_0}} = \frac{\frac{\Delta EPS}{EPS_0}}{\frac{\Delta Q}{Q_0}}$$

【提示】

总杠杆系数与经营杠杆系数和财务杠杆系数的关系如下：

$$DTL = DOL \times DFL$$

（2）简化公式（不存在优先股股息的情况下）：

$$DTL = \frac{M_0}{M_0 - F_0 - I_0}$$

六、资本结构优化

1. 每股收益分析法

$$\frac{(\overline{EBIT} - I_1) \times (1-T)}{N_1} = \frac{(\overline{EBIT} - I_2) \times (1-T)}{N_2}$$

如果预期的息税前利润大于每股收益无差别点的息税前利润,则运用负债筹资方式;

如果预期的息税前利润小于每股收益无差别点的息税前利润,则运用权益筹资方式。

2. 公司价值分析法

(1) 企业价值计算:

$$S = \frac{(EBIT - I)(1-T)}{K_s} \qquad K_s = R_f + \beta(R_m - R_f)$$

原理为永续年金求现值。

(2) 加权平均资本成本的计算:

$$K_w = K_b \times \frac{B}{V} + K_s \times \frac{S}{V}$$

第五章
投资管理

 一、项目现金流量

1. 投资期

（1）在长期资产上的投资；
（2）垫支的营运资金。

2. 营业期

税后付现成本	税后付现成本＝付现成本×（1－所得税税率）
税后收入	税后收入＝收入×（1－所得税税率）
非付现成本抵税	非付现成本可以起到减少税负的作用，其公式为： 税负减少额＝非付现成本×所得税税率
营业现金净流量的估算方法	（1）营业现金净流量＝营业收入－付现成本－所得税 （2）营业现金净流量＝税后营业利润＋非付现成本 （3）营业现金净流量＝收入×（1－所得税税率）－付现成本×（1－所得税税率）＋非付现成本×所得税税率

3. 终结期

特点	主要是现金流入量
内容	（1）固定资产变价净收入：固定资产出售或报废时的出售价款或残值收入扣除清理费用后的净额； （2）固定资产变现净损益对现金净流量的影响（抵税流入；纳税流出）； （3）垫支营运资金的收回

4. 投资项目财务评价指标

净现值（整个项目净赚）	净现值＝未来现金净流量现值－原始投资额现值
年金净流量（平均每年净赚）	年金净流量＝$\dfrac{\text{现金净流量总现值}}{\text{年金现值系数}}$
现值指数（投入与回报的关系）	现值指数＝$\dfrac{\text{未来现金净流量现值}}{\text{原始投资额现值}}$
内含报酬率（项目本身的回报率）	（1）未来每年现金净流量相等时（年金法）： 未来每年现金净流量×年金现值系数－原始投资额现值＝0 （2）未来每年现金净流量不相等时： 如果投资方案的每年现金流量不相等，各年现金流量的分布就不是年金形式，不能采用直接查年金现值系数表的方法来计算内含报酬率，而需采用逐次测试法
静态回收期（不考虑货币时间价值）	静态回收期＝$\dfrac{\text{原始投资额}}{\text{每年现金净流量}}$（未来现金流量相等时）
动态回收期（考虑货币时间价值）	$(P/A, i, n)$＝$\dfrac{\text{原始投资额}}{\text{每年现金净流量}}$（未来现金流量相等时）

二、固定资产更新决策

（1）寿命期相同：净现值法。

（2）寿命期不同：年金净流量法。

$$\text{年金成本}=\dfrac{\text{原始投资额}-\text{残值收入}\times(P/F, i, n)+\text{年净流出量}\times(P/A, i, n)}{\text{年金现值系数}}$$

【提示】

是否更新的判断依据：比较两个决策的成本大小，选成本小的。

三、债券价值的计算

债券价值＝未来利息的现值＋归还本金的现值

$PV = I \times (P/A, i, n) + M \times (P/F, i, n)$

债券的内含报酬率：

①逐次测试法，与求内含报酬率的方法相同；

②简便算法。【分子为平均收益，分母为平均本金】

四、股票投资

1. 股票价值计算

普通股股票价值＝未来各年股利的现值之和

优先股价值＝股利/折现率

不同模式下股票价值的计算如下表所示。

模式	计算公式
零增长模式	$V_s = \dfrac{D_1}{R_s - g} = \dfrac{D_0(1+g)}{R_s - g}$
固定增长模式	$V_s = \dfrac{D_0}{R_s}$
阶段性增长模式	对于阶段性增长的股票，需要分段计算，才能确定股票的价值

2. 股票投资的收益率

模式	计算公式
零增长股票的内部收益率	$R = D/P_0$
固定增长股票的内部收益率	$R = D_1/P_0 + g =$ 股利收益率＋股利增长率
阶段性增长股票的内部收益率	利用逐步测试法，结合内插法来求净现值为0时的贴现率

五、基金投资

证券投资基金业绩评价指标

绝对收益	持有期间收益率		$\dfrac{期末资产价格-期初资产价格+持有期间红利收入}{期初资产价格}\times100\%$
	平均收益率	算术平均收益率	$\dfrac{\sum_{t=1}^{n}R_t}{n}\times100\%$
		几何平均收益率	$[\sqrt[n]{\prod_{i=1}^{n}(1+R_i)}-1]\times100\%$
相对收益	是基金相对于一定业绩比较基准的收益（求差额）		

六、期权合约

	看涨期权	
到期日价值（执行净收入）	多头看涨期权到期日价值 = max（股票市价 − 执行价格，0）	
	空头看涨期权到期日价值 = −max（股票市价 − 执行价格，0）	
净损益	多头看涨期权净损益 = 多头看涨期权到期日价值 − 期权价格	
	空头看涨期权净损益 = 空头看涨期权到期日价值 + 期权价格	
<td colspan="2">记忆提示：多头空头价值反，空头加价多头减，多头买入空头卖</td>		
	看跌期权	
到期日价值（执行净收入）	多头看跌期权到期日价值 = max（执行价格 − 股票市价，0）	
	空头看跌期权到期日价值 = −max（执行价格 − 股票市价，0）	
净损益	多头看跌期权净损益 = 多头看跌期权到期日价值 − 期权价格	
	空头看跌期权净损益 = 空头看跌期权到期日价值 + 期权价格	

第六章
营运资金管理

一、营运资金的计算

营运资金＝流动资产－流动负债

二、现金管理模型

1. 存货模式

类别	公式	解释
机会成本	$\dfrac{C}{2}\times K$	C 为现金持有量 K 为机会成本率
交易成本	$\dfrac{T}{C}\times F$	T 为一定期间现金需求量 F 为每次交易成本
最佳现金持有量	使 $\dfrac{C^*}{2}\times K=\dfrac{T}{C^*}\times F$ 可得：$C^*=\sqrt{\dfrac{2TF}{K}}$	C^* 为最佳现金持有量
总成本	$\dfrac{C^*}{2}\times K+\dfrac{T}{C^*}\times F=\sqrt{2TFK}$	

2. 随机模型（米勒-奥尔模型）

$R=\sqrt[3]{\dfrac{3b\times\delta^2}{4i}}+L$ 【选择性记忆】

式中：b——证券转换为现金或现金转换为证券的成本；

δ——delta，企业每日现金流变动的标准差；

i——以日为基础计算的现金机会成本；

L——最低控制线。

【提示】

R 的影响因素：L，b，δ（同向）；i（反向）。

最高控制线（H）的确定：$H = 3R - 2L$

$H - R = 2(R - L)$

【记住原理】 $\dfrac{H-R}{R-L} = 2$

 三、现金收支日常管理

现金周转期

现金周转期=存货周转期+应收账款周转期－应付账款周转期	
存货周转期=存货平均余额/每天的销货成本	$\dfrac{\text{平均余额}}{\text{成本或收入（天）}}$
应收账款周转期=应收账款平均余额/每天的销货收入	
应付账款周转期=应付账款平均余额/每天的购货成本	

【提示】
如果要减少现金周转期，可以从以下方面着手：
加快制造与销售产成品来减少存货周转期；
加速应收账款的回收来减少应收账款周转期；
减缓支付应付账款来延长应付账款周转期

 四、应收账款的相关公式

1. 应收账款相关成本

①机会成本	=应收账款占用资金×资本成本 =$\dfrac{\text{全年销售额}}{360}$×平均收现期×变动成本率×资本成本 =日销售额×平均收现期×变动成本率×资本成本 =应收账款平均余额×变动成本率×资本成本
②管理成本	
③坏账成本	=赊销额×预计坏账损失率

2. 信用条件

【信用条件决策】

先计算放款信用期带来的盈利增加，然后计算因增加应收账款投资而增加的成本费用，最后计算放宽信用期增加的税前损益，并作出判断。

★计算步骤：【逐步掌握，考场上尽量多得步骤分】

（1）增加的收益。

增加的盈利＝增加的边际贡献－增加的固定成本

（2）计算实施新信用政策后成本费用的增加。

第一，计算占用资金的应计利息增加。

①**应收账款占用资金的应计利息增加。**

a. 应收账款应计利息＝日销售额×平均收现期×变动成本率×资本成本

b. 应收账款占用资金的应计利息增加

＝新信用政策占用资金的应计利息－原信用政策占用资金的应计利息

②**存货占用资金应计利息增加。**

存货占用资金应计利息增加＝存货增加量×单位变动成本×资本成本

③**应付账款增加导致的应计利息减少（增加成本的抵减项）。**

应付账款增加导致的应计利息减少＝应付账款平均余额增加×资本成本

第二，计算收账费用和坏账损失的增加。

收账费用一般会直接给出，只需计算增加额即可。

坏账损失一般可以根据坏账损失率计算，然后计算增加额。

第三，计算现金折扣的增加（若涉及现金折扣政策的改变）。

现金折扣成本＝赊销额×折扣率×享受折扣的客户比率

现金折扣成本增加＝新的销售水平×享受现金折扣的顾客比例×新的现金折扣率－旧的销售水平×享受现金折扣的顾客比例×旧的现金折扣率

（3）计算改变信用政策增加的税前损益。

增加的税前损益＝增加的盈利－增加的成本费用

【决策原则】

如果改变信用期，增加的税前损益大于0，则可以改变。

【提示】

信用政策决策中，依据的是税前损益增加，因此，这种方法不考虑所得税。

3. 应收账款周转天数

$$应收账款周转天数 = \frac{应收账款平均余额}{平均日销售额}$$

五、存货管理的相关公式

1. 与成本相关的公式

订货成本 $F_1 + \frac{D}{Q} \times K$	固定订货成本（F_1）
	变动订货成本（K），每次进货量为Q
购置成本 DU	存货年需要量D + 单价U
	固定储存成本（F_2）
变动储存成本 $\frac{Q}{2} \times K_C$	单位变动储存成本K_C；$\frac{Q}{2}$为平均占用量

2. 经济订货批量基本模型的计算公式

经济订货量（Q_*）	$Q_* = \sqrt{\dfrac{2KD}{K_C}}$
相关总成本	与经济订货批量相关的总成本 = $\sqrt{2KDK_C}$

3 基本模型的扩展

再订货点 = 平均交货时间(L) + 平均每日需要量(d)

4. 存货陆续供应和使用【与基本模型对比记忆】

设每批订货数为 Q，每日送货量为 P，每日耗用量为 d。

$$EOQ = \sqrt{\frac{2KD}{K_C(1-\frac{d}{p})}}$$

$$TC(EOQ) = \sqrt{2KDK_C(1-\frac{d}{p})}$$

5. 保险储备

（1）考虑保险储备的再订货点。

R = 预计交货期内的需求 + 保险储备

= 交货时间 × 平均日需求量 + 保险储备

（2）保险储备确定的方法。

最佳的保险储备应该是使**缺货损失**和**保险储备的储存成本**之和达到最低。

保险储备的储存成本 = 保险储备 × 单位变动储存成本

缺货成本 = 一次订货**期望**缺货量 × 年订货次数 × 单位缺货损失

相关总成本 = 保险储备的储存成本 + 缺货损失

比较不同保险储备方案下的相关总成本，选择最低者为最优保险储备。

六、短期借款

	收款法	贷款实际利率 = 名义利率
利息支付方式	贴现法	贷款实际利率 = $\dfrac{名义利率}{1-名义利率}$
	加息法	贷款实际利率 = 名义利率 × 2

七、商业信用

放弃现金折扣的信用成本率 = $\dfrac{折扣率}{1-折扣率} \times \dfrac{360}{信用期 - 折扣期} \times 100\%$

第七章 成本管理

一、量本利分析与应用

1. 量本利分析的基本原理

（1）单一产品。

利润＝销售量×（单价－单位变动成本）－固定成本
单位边际贡献＝单价－单位变动成本
边际贡献总额＝销售收入－变动成本＝销售量×单位边际贡献
边际贡献率＝$\dfrac{\text{边际贡献总额}}{\text{销售收入}}$＝$\dfrac{\text{单位边际贡献}}{\text{单价}}$
边际贡献率＋**变动成本率**＝1
盈亏平衡点的销售量＝$\dfrac{\text{固定成本}}{\text{单位边际贡献}}$
盈亏平衡点的销售额＝$\dfrac{\text{固定成本}}{\text{边际贡献率}}$＝$\dfrac{\text{固定成本}}{1-\text{变动成本率}}$
盈亏平衡点的作业率＝$\dfrac{\text{盈亏平衡点的销售量（额）}}{\text{正常销售量（额）}}$×100%

（2）产品组合。

方法	解释
加权平均法	①边际贡献率按照销售比重加权计算加权平均边际贡献率； ②盈亏平衡点的销售额＝$\dfrac{\text{固定成本总额}}{\text{加权边际贡献率}}$

续表

方法	解释
联合单位法	①找出产销的最小比例作为一个联合单位； ②计算联合边际贡献和联合单位变动成本； ③联合盈亏平衡点的业务量 = $\dfrac{\text{固定成本总额}}{\text{联合边际贡献}}$； ④某产品盈亏平衡点的业务量 = 联合盈亏平衡点的业务量 × 一个联合单位中包含的该产品的数量
分算法	将固定成本进行合理分配
顺序法	按照事先确定的销售顺序，依次用各产品的边际贡献补偿固定成本，直到补偿完为止
主要产品法	视同单一品种

2. 目标利润分析

目标利润（息税前利润）= 销售量 ×（单价 – 单位变动成本）– 固定成本
　　　　　　　　　　　= 销售量 × 单位边际贡献 – 固定成本
　　　　　　　　　　　= 销售额 × 边际贡献率 – 固定成本

税后利润 =（息税前利润 – 利息）×（1 – 所得税税率）

实现目标利润销售量 = $\dfrac{\text{固定成本}+\text{目标利润}}{\text{单位边际贡献}}$ = $\dfrac{\text{固定成本}+\dfrac{\text{税后目标利润}+\text{利息}}{1-\text{所得税税率}}}{\text{单位边际贡献}}$	适用于单种产品
实现目标利润销售额 = $\dfrac{\text{固定成本}+\text{目标利润}}{\text{边际贡献率}}$ = $\dfrac{\text{固定成本}+\dfrac{\text{税后目标利润}+\text{利息}}{1-\text{所得税税率}}}{\text{边际贡献率}}$ 　　　　　　　　= 目标利润销售量 × 单价	单种产品 + 多种产品

3. 敏感性分析

敏感系数 = $\dfrac{\text{利润变动百分比}}{\text{因素变动百分比}}$

4. 边际分析

（1）安全边际。

安全边际量	实际或预计销售量 − 保本点销售量
安全边际额	实际或预计销售额 − 保本点销售额 = 安全边际量 × 单价
安全边际率	安全边际量 / 实际或预计销售量 = 安全边际额 / 实际或预计销售额

（2）保本作业率与安全边际率的关系。

保本销售量 + 安全边际量 = 正常销售量

上述公式两端同时除以正常销售额，便得到：

保本作业率 + 安全边际率 = 1

【扩展】

息税前利润 = 安全边际量 × 单位边际贡献

　　　　　= 安全边际额 × 边际贡献率

息税前利润率 = 安全边际率 × 边际贡献率

二、标准成本的制定

	项目	用量标准	价格标准
产品的标准成本	直接材料标准成本	材料用量标准	材料标准单价
	直接人工标准成本	工时用量标准	标准工资率
	制造费用标准成本	工时用量标准	标准制造费用分配率

三、成本差异的计算及分析

【变动成本差异计算】

数量差异 =（实际用量 − 实际产量下标准用量）× 标准价格

价格差异 =（实际价格 − 标准价格）× 实际用量

项目	价格差异	数量差异
直接材料	价格差异=（实际单价－标准单价）×实际用量	数量差异=（实际用量－实际产量下标准用量）×标准单价
直接人工	工资率差异=（实际工资率－标准工资率）×实际工时	效率差异=（实际工时－实际产量下标准工时）×标准工资率
变动制造费用	耗费差异=（实际分配率－标准分配率）×实际工时	效率差异=（实际工时－实际产量下标准工时）×标准分配率

【以下为总结的技巧，帮助快速记忆公式】

【直接材料】

项目	用量标准	价格标准
实际成本	①实际用量	②实际单价
标准成本	③标准用量	④标准单价
总差异	①×②－③×④	
数量差异	（①－③）×④	
价格差异	①×（②－④）	
分析	数量差异：主要由生产部门承担责任	价格差异：主要由采购部门承担责任

【直接人工】

项目	用量标准	价格标准
实际成本	①实际工时	②实际工资率
标准成本	③标准工时	④标准工资率
总差异	①×②－③×④	
效率差异（量差）	（①－③）×④	
工资率差异（价差）	①×（②－④）	
分析	效率差异：主要由生产部门承担责任	工资率差异：一般来讲，由劳动人事部门承担责任

【变动制造费用】

项目	用量标准	价格标准
实际变动制造费用	①实际工时	②实际分配率
标准变动制造费用	③标准工时	④标准分配率
总差异	①×②－③×④	
效率差异（量差）	（①－③）×④	
耗费差异（价差）	①×（②－④）	

【固定制造费用的差异分析】

明确两个指标：

$$实际分配率 = \frac{固定制造费用预算总额}{实际产量下实际总工时} \qquad 标准分配率 = \frac{固定制造费用预算总额}{预算产量下标准总工时}$$

其中：

固定制造费用预算总额＝预算产量×标准工时×标准分配率

【二差异分析法】

项目	用量标准		价格标准
固定制造费用实际成本	①实际工时	②实际产量	③实际分配率
固定制造费用标准成本（预算）	④标准工时	⑤预计产量	⑥标准分配率
总差异	①×②×③－②×④×⑥		
耗费差异	①×②×③－④×⑤×⑥		
能量差异	④×⑤×⑥－②×④×⑥		

【三差异分析法】

项目	用量标准		价格标准
固定制造费用实际成本	①实际工时	②实际产量	③实际分配率
固定制造费用标准成本（预算）	④标准工时	⑤预计产量	⑥标准分配率
总差异	①×②×③－②×④×⑥		
耗费差异	①×②×③－④×⑤×⑥		
能量差异	④×⑤×⑥－②×④×⑥	产量差异④×⑤×⑥－①×②×⑥	
		效率差异①×②×⑥－②×④×⑥	

【上面两个表格是总结的技巧，帮助快速记忆公式】

【固定制造费用成本差异总结】

四、责任中心相关公式

1. 成本中心

预算成本节约额＝实际产量预算责任成本－实际责任成本

预算成本节约率＝预算成本节约额/实际产量预算责任成本×100%

2. 利润中心

考核指标		
	边际贡献	销售收入总额 − 变动成本总额 【提示】 　　该指标反映了利润中心的盈利能力，但对业绩评价没有太大的作用
	可控边际贡献	边际贡献 − 该中心负责人可控固定成本 【提示】 　　也称部门经理边际贡献，是评价利润中心管理者的理想指标
	部门边际贡献	可控边际贡献 − 该中心负责人不可控固定成本 【提示】 　　又称部门毛利。反映了部门为企业利润和弥补与生产能力有关的成本所作的贡献，它更多用于评价部门业绩而不是利润中心管理者的业绩

3. 投资中心

投资收益率	投资收益率 = 息税前利润 / 平均经营资产 【提示】 　　平均经营资产 =（期初经营资产 + 期末经营资产）/2
剩余收益	剩余收益 = 息税前利润 −（平均经营资产 × 最低投资收益率）

第八章
收入与分配管理

 一、趋势预测分析法

1. 算术平均法

计算公式	$Y = \dfrac{\sum X_i}{n}$ 式中：Y——预测值；X_i——第 i 期的实际销售量；n——期数

2. 加权平均法

计算公式	$Y = \sum\limits_{i=1}^{n} W_i X_i$ 式中：Y——预测值；W_i——第 i 期的权数；X_i——第 i 期的实际销售量；n——期数。 【权数的确定】——按照"近大远小"原则确定

3. 移动平均法

计算公式	$Y_{n+1} = \dfrac{X_{n-(m-1)} + X_{n-(m-2)} + \cdots + X_{n-1} + X_n}{m}$ 修正移动平均法的计算公式为： $\overline{Y}_{n+1} = Y_{n+1} + Y_{n+1} - Y_n$

4. 指数平滑法

$Y_{n+1} = aX_n + (1-a)Y_n$

式中：Y_{n+1}——未来第 $n+1$ 期的预测值；

Y_n——第 n 期预测值，即预测前期的预测值；

X_n——第 n 期的实际销售量，即预测前期的实际销售量；

a——平滑指数；

n——期数。

一般地，平滑指数的取值通常在 0.3 ~ 0.7。

二、因果预测分析法

预测公式：$y = a + bx$

其常数项 a、b 的计算公式为：

$$a = \frac{\sum x_i^2 \sum y_i - \sum x_i \sum x_i y_i}{n \sum x_i^2 - (\sum x_i)^2}$$

$$b = \frac{\sum x_i \sum y_i - n \sum x_i y_i}{(\sum x_i)^2 - n \sum x_i^2}$$

三、销售定价方法

1. 以成本为基础的定价方法

全部成本费用加成定价法	单位产品价格 = $\dfrac{单位成本 + 单位利润}{(1 - 适用税率)}$
保本点定价法	单位产品价格 = $\dfrac{单位固定成本 + 变动成本}{(1 - 适用税率)}$
目标利润法	单位产品价格 = $\dfrac{单位完全成本 + 单位目标利润}{(1 - 适用税率)}$
变动成本定价法	单位产品价格 = $\dfrac{单位变动成本 \times (1 + 成本利润率)}{(1 - 适用税率)}$

2. 以市场需求为基础的定价方法

（1）需求价格弹性系数定价法。

需求价格弹性系数	含义	在其他条件不变的情况下，某种产品的需求量随其价格的升降而变动的程度，就是需求价格弹性系数
	系数计算公式	$E=\dfrac{\dfrac{\Delta Q}{Q_0}}{\dfrac{\Delta P}{P_0}}$ 式中：E——某种产品的需求价格弹性系数；ΔP——价格变动量；ΔQ——需求变动量；P_0——基期单位产品价格；Q_0——基期需求量。 【提示】 一般情况下，需求量与价格呈反方向变动，因此，弹性系数一般为负数
	计算公式	$P=\dfrac{P_0 Q_0^{\frac{1}{|E|}}}{Q^{\frac{1}{|E|}}}$ 式中：P_0——基期单位产品价格；Q_0——基期销售数量；E——需求价格弹性系数；P——单位产品价格；Q——预计销售数量。 【提示】 这种方法确定的价格，是使产品能够销售出去的价格。如果高出该价格，产品就不能完全销售出去

（2）边际分析定价法。

利润 = 收入 – 成本

边际利润 = 边际收入 – 边际成本 = 0

得到：边际收入 = 边际成本

【结论】

边际收入等于边际成本时，利润最大，此时的价格为最优价格。

第九章 财务分析与评价

一、财务分析的方法

1. 比较分析法

定基动态比率＝分析期数额／固定基期数额——反映长期趋势

环比动态比率＝分析期数额／前期数额——反映短期趋势

2. 比率分析法

构成比率	也称为结构比率； 构成比率 $=\dfrac{\text{某个组成部分数值}}{\text{总体数值}} \times 100\%$
效率比率	效率比率，是某项财务活动中所得与所费的比率，反映投入与产出的关系，如利润率类指标； 效率比率 $=\dfrac{\text{所得}}{\text{所费}} \times 100\%$
相关比率	相关比率，是以某个项目和与其有关但又不同的项目加以对比所得的比率，反映有关经济活动的相互关系，如周转率类指标

3. 因素分析法

（1）连环替代法。

【操作要点】

①严格按照影响因素的预定顺序进行替代（顺序性）；

②每一次替代都保留上一次替代的结果（连环性）；

③从基期（计划）指标开始，有几个因素就进行几次替代，最后一次替代完成的结果应当等于报告期（实际）指标。

举例	$X = A \times B \times C$ $X_1 = A_1 \times B \times C$ $X_2 = A_1 \times B_1 \times C$ $X_3 = A_1 \times B_1 \times C_1$	$X_1 - X$：A因素的影响 $X_2 - X_1$：B因素的影响 $X_3 - X_2$：C因素的影响

（2）差额分析法：连环替代法的简化形式。

$$X = A \times B \times C$$
$$B因素的影响：A_1 \times (B_1 - B) \times C$$

二、偿债能力分析

偿债能力	短期偿债	营运资金 =流动资产－ 流动负债	流动比率 =流动资产/ 流动负债	速动比率 =速动资产/ 流动负债	现金比率 =（货币资金＋交易性金融资产）/流动负债
	长期偿债	资产负债率 =负债/资产	产权比率 =负债/所有者权益	权益乘数 =资产/股东权益	利息保障倍数 =息税前利润/应付利息

三、营运能力分析

营运能力	流动资产	应收账款周转率 =营业收入/应收账款平均余额	存货周转率 =营业成本/存货平均余额	流动资产周转率 =营业收入/流动资产平均余额
	固定资产	固定资产周转率=营业收入/固定资产平均余额		
	总资产	总资产周转率=营业收入/资产平均余额		

四、盈利能力分析

销售毛利率	销售毛利率=销售毛利/销售收入 其中：销售毛利=营业收入－营业成本

续表

销售净利率	销售净利率=净利润/销售收入
总资产净利率	总资产净利率=（净利润/平均总资产）×100% 【提示】 　　总资产净利率=销售净利率×总资产周转次数
净资产收益率	净资产收益率=（净利润/平均所有者权益）×100% 【提示】 　　净资产收益率=销售净利率×总资产周转次数×权益乘数

五、发展能力分析

营业收入增长率	营业收入增长率=本年营业收入增长额/上年营业收入×100% 其中：本年营业收入增长额=本年营业收入－上年营业收入
总资产增长率	总资产增长率=本年资产增长额/年初资产总额×100% 其中：本年资产增长额=年末资产总额－年初资产总额
营业利润增长率	营业利润增长率=本年营业利润增长额/上年营业利润总额×100% 其中：本年营业利润增长额=本年营业利润总额－上年营业利润总额
资本保值增值率	资本保值增值率=期末所有者权益/期初所有者权益×100%
所有者权益增长率	所有者权益增长率=本年所有者权益增长额/年初所有者权益×100% 其中，本年所有者权益增长额=年末所有者权益－年初所有者权益

六、现金流量分析

获取现金能力分析	营业现金比率	通用公式：$\dfrac{经营活动现金流量净额}{投入资源}$ 投入资源分别为：营业收入、普通股股数、平均总资产
	每股营业现金净流量	
	全部资产现金回收率	
收益质量分析	净收益营运指数	$\dfrac{经营净收益}{净利润}=\dfrac{净利润-非经营净收益}{净利润}$
	现金营运指数	$\dfrac{经营活动现金流量净额}{净利润-非经营净收益+非付现费用}$

七、上市公司特殊财务分析指标

每股收益	基本每股收益	$\dfrac{归属于公司普通股股东的净利润}{发行在外的普通股加权平均数}$
	稀释每股收益	可转换公司债券、认股权证和股份期权
每股股利		$\dfrac{现金股利总额}{期末发行在外的普通股股数}$
每股净资产		$\dfrac{期末普通股净资产}{期末发行在外的普通股股数}$
市盈率		$\dfrac{每股市价}{每股收益}$
市净率		$\dfrac{每股市价}{每股净资产}$

稀释每股收益

计算前提：假设稀释性潜在普通股在发行日就全部转换为普通股。

项目	分子的调整项目	分母的调整项目
可转换公司债券	可转换公司债券当期已确认为费用的利息等的税后影响额	假定可转换公司债券当期期初或发行日转换为普通股的股数加权平均数
认股权证和股份期权	行权价格低于当期普通股平均市场价格时，应考虑稀释性	
	分子的调整项目	分母的调整项目
	不变	分母的调整项目为增加的普通股股数，同时还应考虑时间权数 行权认购的股数 $\times \left(1 - \dfrac{行权价格}{普通股平均市价}\right)$

八、企业综合绩效分析的方法

1. 杜邦分析法

净资产收益率＝销售净利率×总资产周转次数×权益乘数

2. 沃尔评分法（修正）

修正的沃尔评分法		
盈利能力（50%）	偿债能力（32%）	成长能力（18%）
总资产报酬率（20%）	自有资本比率（8%）	销售增长率（6%）
销售净利率（20%）	流动比率（8%）	净利增长率（6%）
净资产收益率（10%）	应收账款周转率（8%）	总资产增长率（6%）
	存货周转率（8%）	

3. 经济增加值法

经济增加值＝税后净营业利润－平均资本占用×加权平均资本成本

九、综合绩效评价

企业综合绩效评价分数＝财务绩效定量评价分数×70%＋管理绩效定性评价分数×30%

在得出评价分数之后，应当计算年度之间的绩效改进度，以反映企业年度之间经营绩效的变化状况。计算公式为：

$$绩效改进度 = \frac{本期绩效评价分数}{基期绩效评价分数}$$

绩效改进度大于1，说明经营绩效上升；绩效改进度小于1，说明经营绩效下滑。